GW01606501

Loi n°49-956 du 16 juillet 1949 sur les publications destinées
à la jeunesse, modifiée par la loi n°2011-525 du 17 mai 2011.

ISBN : 978-2-09-255177-6
ISSN : 2274-5904
Achevé d'imprimer en janvier 2021 par Pollina, Luçon, France - 96119
N° d'éditeur : 10270150
Dépôt légal : février 2014

Les pompiers

Texte de **Christelle Chatel**
Illustrations d'**Hélène Convert**

Bienvenue à la caserne !

La journée des pompiers est bien remplie. Ils font du sport et s'entraînent pour être toujours en forme. Ils doivent aussi nettoyer les camions et vérifier le matériel.

Pourquoi les pompiers font-ils beaucoup de sport ?

Pour grimper sur la grande échelle ou porter des blessés dans leurs bras, les pompiers doivent être rapides et avoir de la force.

C'est quoi, le test de la planche ?

Une à deux fois par jour, les pompiers doivent se hisser chacun leur tour sur une étagère en bois fixée à plus de 2 m du sol, uniquement avec leurs bras.

Qui habite au-dessus de la caserne ?

Seulement certains pompiers qui vivent avec leur famille dans des appartements. Mais les enfants n'ont pas le droit de venir jouer près des camions. Ce serait trop dangereux !

OMPIERS

Qui s'occupe des camions ?

Les pompiers entretiennent eux-mêmes leurs véhicules. Et s'il y a une panne, ils se chargent des réparations.

Qui sont les sapeurs-pompiers ?

Certains en ont fait leur métier. Mais la plupart sont des volontaires : ils sont pompiers en plus de leur travail.

Quel numéro faut-il composer pour appeler les pompiers ?

Le 18. Le pompier qui répond pose des questions et déclenche ensuite l'alerte dans la caserne.

Les pompiers dorment-ils dans la caserne ?

Quand ils sont « de garde », ils dorment sur place pour être prêts en cas d'alerte. Ils s'allongent tout habillés pour ne pas perdre de temps quand il faut partir.

Cherche dans l'image !

Bien équipés !

Dans la caserne, l'alarme vient de retentir ! Cagoule, gants, casque, veste et surpantalon : les pompiers n'ont que deux ou trois minutes pour enfiler leur « tenue de feu » et partir !

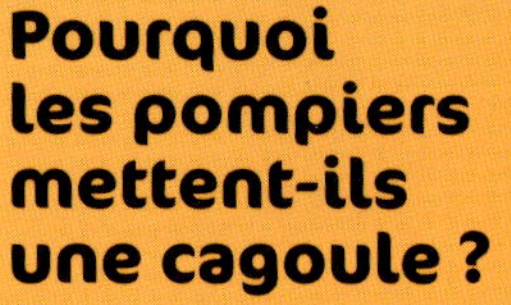

Pourquoi les pompiers mettent-ils une cagoule ?
Elle protège leur cou et le bas de leur visage, et elle leur tient chaud quand ils travaillent l'hiver.

Est-ce que les pompiers ont chacun leur casque ?
Oui. Car chaque pompier doit avoir un casque parfaitement adapté à sa tête.

Les pompiers portent-ils des chaussures spéciales ?
Oui. Leurs bottes ont des semelles très résistantes qui leur permettent de marcher sur des flammes ou des débris de verre sans se faire mal.

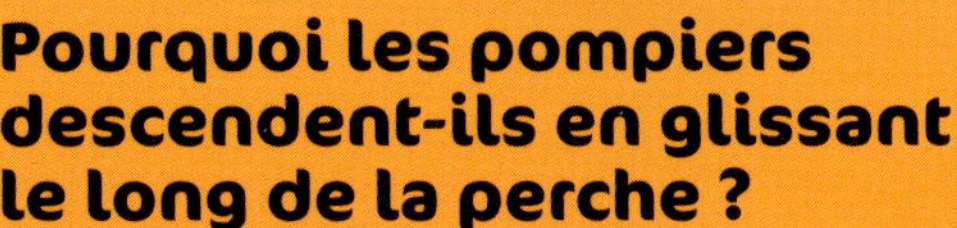

Pourquoi les pompiers descendent-ils en glissant le long de la perche ?

Parce que c'est plus rapide et moins dangereux que de descendre par les escaliers.

Pourquoi ont-ils des gants ?

Leurs épais gants de cuir les empêchent de se blesser quand ils interviennent dans des décombres ou un incendie.

Comment les pompiers parlent-ils entre eux quand ils ont leur casque ?

Un micro fixé sous leur casque leur permet d'entendre les ordres que leur donne leur chef d'équipe et de lui répondre.

Est-ce que tous les pompiers du monde portent le même casque ?

Non. Les uniformes et les casques des pompiers changent d'un pays à l'autre.

Casque américain

Casque japonais

Au feu !

Les pompiers sont arrivés sur les lieux de l'incendie. Grâce au jet puissant de leurs tuyaux, ils vont pouvoir éteindre les flammes en quelques minutes.

Pourquoi les camions ont-ils une sirène ?

Pour avertir les voitures et les piétons de les laisser passer. Il faut arriver le plus vite possible !

Combien de pompiers montent en même temps sur l'échelle ?

Il n'y a jamais plus de deux pompiers, et ils ne doivent pas être trop proches l'un de l'autre.

Combien mesure l'échelle ?
Près de 30 mètres de haut, la taille d'un immeuble de 7 étages.

D'où vient l'eau qui sert à éteindre le feu ?
Du camion-pompe et des bornes à incendie. Les pompiers y fixent leurs tuyaux.

Pourquoi les pompiers interrogent-ils les passants ?
Ils posent des questions pour savoir combien de personnes habitent dans l'immeuble, comment l'incendie a démarré...

Qui déploie l'échelle ?
Un pompier qui se trouve dans le poste de contrôle, à la base de l'échelle. Il peut la faire s'élever mais aussi pivoter à droite ou à gauche.

Pourquoi les camions sont-ils rouges ?
Pour qu'on les distingue bien des autres véhicules. Le rouge est aussi la couleur associée au danger !

Cherche dans l'image !
un gyrophare
une borne à incendie
un chien

Danger à tous les étages !

Il est urgent maintenant de pénétrer dans l'immeuble pour s'assurer qu'il n'y a plus personne à l'intérieur, et finir d'éteindre l'incendie.

Pourquoi les pompiers arrosent-ils les plafonds ?
Pour refroidir la pièce du dessus et empêcher que la chaleur se répande dans tout l'immeuble.

À quoi sert le masque que portent les pompiers ?
Ce masque relié à une bouteille d'air les protège des fumées et des gaz dangereux.

Faut-il fermer la porte quand il y a le feu dans une pièce ?

Oui, sinon le feu se propage encore plus vite dans les escaliers et dans tout le bâtiment.

Pourquoi les pompiers ont-ils une hache ?

Quand une personne est enfermée, ils utilisent leur hache pour briser la porte et entrer dans la pièce.

Comment le pompier voit-il quand il est dans la fumée ?

Il utilise une caméra qui lui permet de voir sur un écran le corps des personnes, grâce à la chaleur qu'il dégage.

C'est quoi, des bandes autoréfléchissantes ?

Elles sont collées sur la veste et le surpantalon du pompier pour qu'il soit vu de loin, dans le noir et même au milieu d'une épaisse fumée.

Pourquoi les vêtements des pompiers ne brûlent-ils pas ?

Parce qu'ils sont fabriqués dans un tissu spécial qui résiste à une très forte chaleur et au feu.

L'accident

Accident de la circulation ! Aussitôt alertés, les pompiers se déplacent, comme ils le font très souvent sur les routes et dans les villes, pour apporter les premiers soins aux blessés.

Est-ce que les pompiers sont aussi médecins ?

Très peu le sont, mais dans leur école, ils ont appris les gestes de premiers secours comme aider quelqu'un à respirer, arrêter le saignement d'une blessure ou immobiliser une jambe cassée.

Pourquoi les pompiers placent-ils des plots sur la route ?

Pour avertir les autres automobilistes qu'il y a un accident. Ces plots signifient DANGER.

Pourquoi les pompiers utilisent-ils des cisailles ?

Parfois, la voiture est trop abîmée par l'accident et les portières sont coincées. La seule solution, c'est de découper la tôle pour faire sortir les blessés.

Comment appelle-t-on ce camion au toit blanc ?

Le VSAV : Véhicule de Secours et d'Assistance aux Victimes. À l'intérieur, il y a du matériel pour soigner les gens, comme dans une ambulance.

D'autres véhicules viennent-ils sur le lieu de l'accident ?

Parfois, il y a la police. Si la victime a besoin tout de suite d'un médecin, les pompiers peuvent demander l'aide du SAMU (Service d'Aide Médicale d'Urgence).

Qu'y a-t-il dans le sac à dos des pompiers ?

Une couverture de survie, des pansements, des produits pour désinfecter une plaie... Ce sac se trouve toujours à portée de main dans le véhicule.

Où emmène-t-on les blessés ?

Les pompiers les conduisent à l'hôpital le plus proche.

Panique au zoo !

Un terrible orage a fait s'effondrer des arbres sur les cages du zoo et des animaux se sont enfuis. Appelés à l'aide, les pompiers de la brigade animalière vont devoir capturer petites et grosses bêtes…

C'est quoi, un fusil hypodermique ?

C'est un fusil qui envoie une seringue. Il permet d'injecter un produit qui endort les animaux.

Avec quoi les pompiers attrapent-ils les serpents ?

Avec une grande pince spéciale. Dès qu'ils ont pris un serpent, ils l'enferment dans une boîte en plastique.

Est-ce que les pompiers ont peur devant les animaux ?

Ils se sont entraînés, et restent calmes face au danger. Mais ils peuvent avoir peur, comme toi !

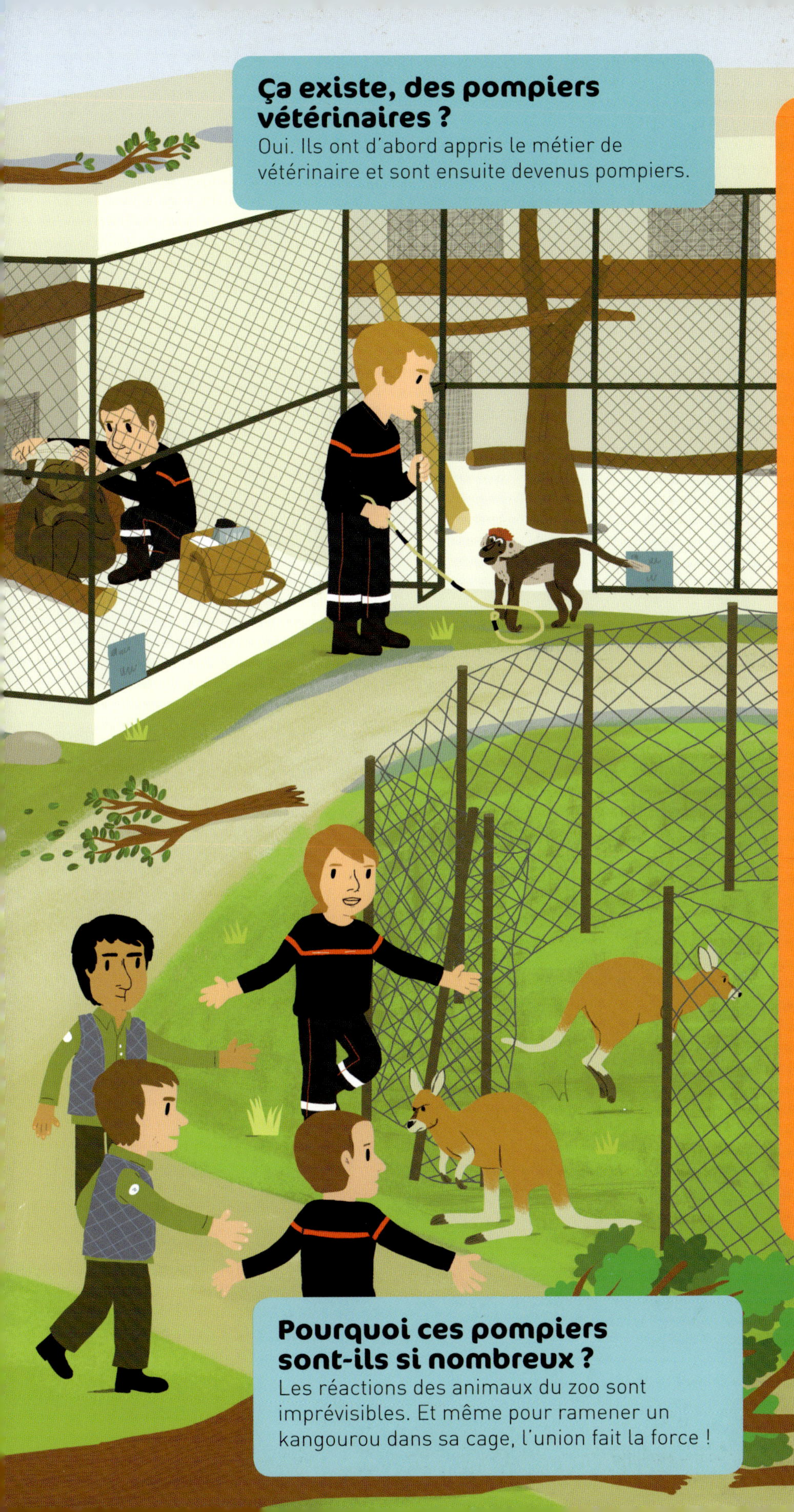

Ça existe, des pompiers vétérinaires ?

Oui. Ils ont d'abord appris le métier de vétérinaire et sont ensuite devenus pompiers.

À quoi sert cette combinaison ?

À se protéger des morsures des chiens agressifs.

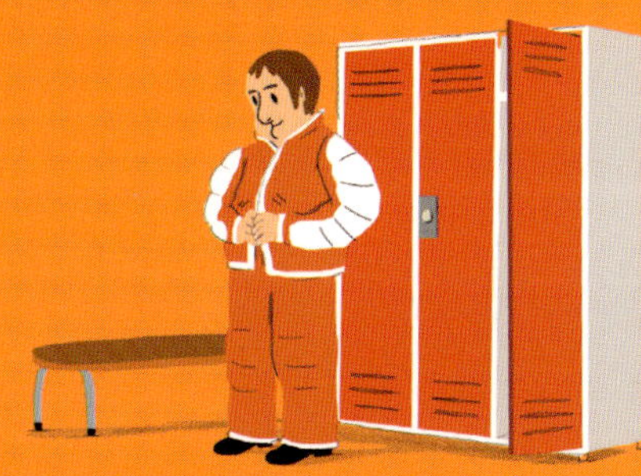

Pourquoi les pompiers allongent-ils certains animaux sur des brancards ?

Comme les êtres humains, les animaux peuvent se blesser, se casser une patte ! Il faut les allonger avant de les transporter à la clinique.

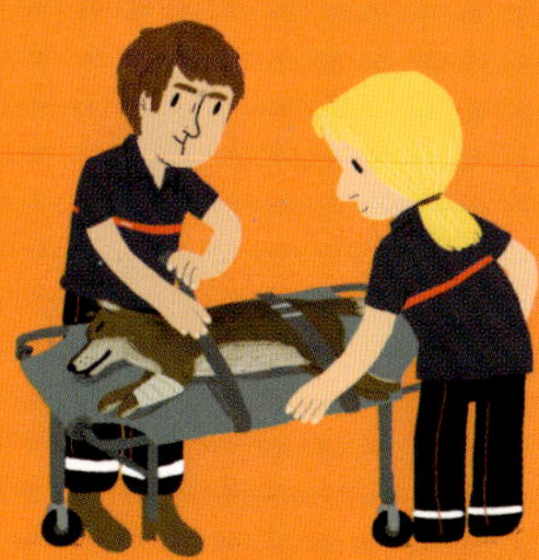

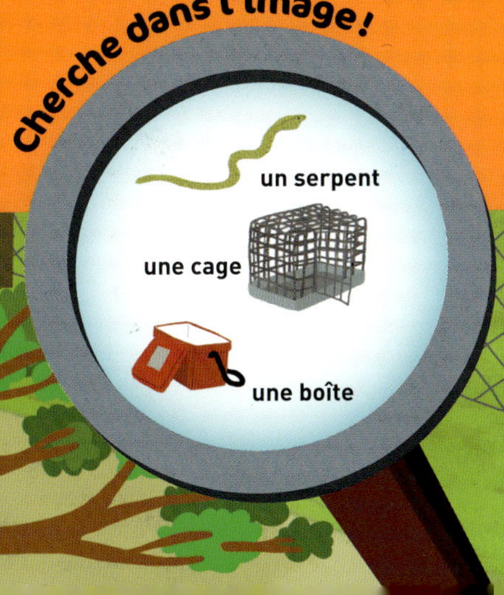
Cherche dans l'image !
un serpent
une cage
une boîte

Pourquoi ces pompiers sont-ils si nombreux ?

Les réactions des animaux du zoo sont imprévisibles. Et même pour ramener un kangourou dans sa cage, l'union fait la force !

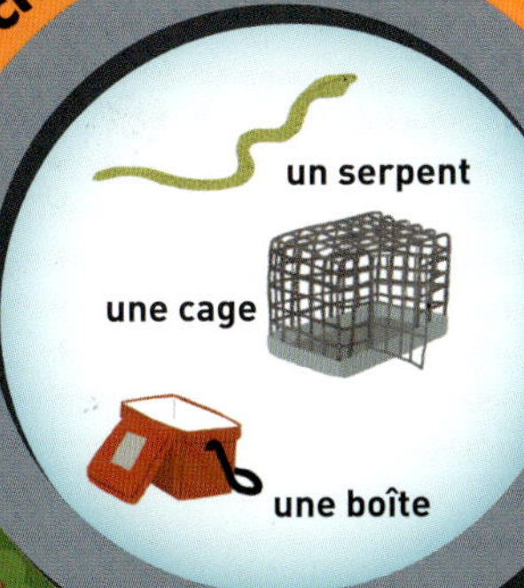

La forêt brûle

En été, la végétation est très sèche et une allumette mal éteinte peut provoquer un feu gigantesque, surtout si le vent est fort. Les pompiers combattent souvent les flammes pendant des semaines.

C'est quoi, un canadair ?

C'est un avion qui contient une réserve de 6 000 litres d'eau. Il la verse en une seconde sur les endroits qui brûlent, difficiles d'accès.

Qui pilote le canadair ?

C'est un pilote spécialisé qui sait comment se poser à la surface d'un lac ou de la mer pour remplir les réservoirs.

Pourquoi ce pompier porte-t-il ce long tuyau sur son dos ?

En forêt, les camions ne peuvent pas rouler partout. Il faut parfois tirer le tuyau relié au camion citerne sur des centaines de mètres pour atteindre le feu.

Pourquoi les avions lâchent-ils un produit rouge ?

C'est un « retardant ». Mélangé à de l'eau, il est répandu par le canadair sur les zones épargnées par les flammes et freine l'arrivée du feu.

Pourquoi ce pompier roule-t-il à moto ?

Il peut ainsi circuler partout dans la forêt et surveiller ses moindres recoins.

Ça existe, des pompiers parachutistes ?

Oui. Aux États-Unis, on les appelle les *smoke jumpers*. Ils interviennent plus rapidement que les équipes au sol, et creusent des tranchées autour du feu pour empêcher qu'il se répande.

Les pompiers portent-ils un casque spécial pour les feux de forêt ?

Oui. C'est un casque plus léger et plus aéré qui leur permet de mieux supporter la très forte chaleur dégagée par ce type d'incendie.

Cherche dans l'image !

Sous les décombres

Un tremblement de terre a eu lieu, ce bâtiment vient de s'écrouler. Les pompiers et leurs chiens doivent repérer où se trouvent les blessés sous les tas de pierres.

À quoi sert la pelleteuse ?
Elle permet de déblayer les morceaux de verre, de bois, de pierre...

Est-ce dangereux pour un chien de fouiller les gravats ?
Oui, il peut se blesser, aux pattes par exemple, s'il marche sur des tiges de fer coupantes ou des morceaux de verre.

Comment les pompiers sortent-ils quelqu'un des décombres ?
Il leur faut d'abord dégager l'espace autour du blessé. Cela peut prendre des heures. Puis ils fixent des cordes sur la personne, et la hissent doucement.

Comment sait-on s'il y a quelqu'un sous les décombres ?

Le pompier vérifie avec des écouteurs s'il entend des battements de cœur. Le chien ne s'est pas trompé : il y a quelqu'un juste au-dessous !

Quels chiens peuvent devenir chiens pompiers ?

Les bergers allemands et les malinois par exemple, parce qu'ils ne sont ni trop gros, ni trop petits, et ont un flair très développé.

Comment les chiens sont-ils entraînés ?

Un maître-chien leur apprend par exemple à se glisser dans un passage étroit.

Comment le chien avertit-il les pompiers qu'il y a une victime ?

Il gratte la pierre avec ses griffes et aboie.

Cherche dans l'image !

un masque

un projecteur

un sac à dos

L'inondation

Les pompiers ne luttent pas seulement contre le feu. L'eau aussi peut devenir un danger pour la population. Suite à de très fortes pluies, une rivière a débordé et ce village a été inondé.

Pourquoi certains pompiers portent-ils une combinaison de plongée ?

Ils doivent parfois plonger pour dégager des personnes ou des animaux coincés dans l'eau. Comme cette pauvre vache par exemple !

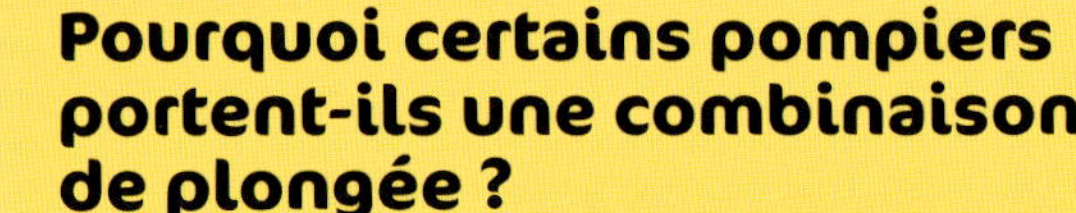

Comment fait-on descendre les gens qui se sont réfugiés sur les toits ?

Les pompiers ont une petite échelle qu'ils fixent contre le mur de la maison. Ils peuvent aussi porter les gens sur leur dos pour les aider.

Pourquoi les pompiers sont-ils dans des barques ?

Pour se déplacer dans des zones où l'eau est profonde.

Pourquoi le pompier utilise-t-il un porte-voix ?

Il prévient les personnes bloquées à l'intérieur de leur maison que les pompiers arrivent.

C'est quoi, une motopompe ?

C'est un engin qui aspire l'eau avec ses gros tuyaux.

Les pompiers portent-ils des bottes spéciales ?

Oui. Ils ont de grandes bottes qui couvrent presque toute la jambe pour ne pas tremper leurs vêtements.

Comment les pompiers ramènent-ils une victime sur la berge ?

Un pompier lui met un gilet de sauvetage et lui fixe une corde dans le dos. Puis il l'entoure de ses bras. Un autre pompier, resté à terre, n'a plus qu'à les tirer.

Cherche dans l'image !

- un gilet de sauvetage
- Un oiseau
- Une échelle

Incendie en mer

Même au milieu de l'eau, il y a des incendies. Les petits bateaux comme les plus gros peuvent prendre feu. Les marins-pompiers doivent vite intervenir pour limiter les dégâts.

Pourquoi les marins-pompiers utilisent de la mousse plutôt que de l'eau ?
Le poids de l'eau peut faire chavirer le bateau. La mousse est plus légère, et elle éteint aussi très bien les flammes.

C'est quoi, un bateau-pompe ?
C'est un bateau équipé de plusieurs lances qui projettent de la mousse ou de l'eau sur les flammes.

C'est quoi, un bateau pneumatique ?
C'est un bateau gonflable, rapide et résistant, qui permet de s'approcher au plus près du bateau en feu pour récupérer ses passagers.

Pourquoi l'hélicoptère est-il nécessaire ?

Pour évacuer les blessés et les conduire le plus vite possible à l'hôpital.

Comment les passagers ont-ils donné l'alerte ?

Ils ont une radio à bord pour communiquer avec le centre de secours, et les marins-pompiers sont toujours prêts à embarquer.

À quoi sert un barrage flottant ?

Lorsqu'un navire s'échoue, il peut perdre du pétrole. Pour éviter qu'il se répande et pollue la mer, les pompiers installent des chaînes de bouées qui font barrage.

Pourquoi les pompiers se déplacent-ils parfois en jet-ski ?

Cela leur permet de rejoindre rapidement un bateau, ou un nageur en difficulté. Le jet-ski peut être équipé d'un brancard.

Cherche dans l'image !

une bouée

un phare

une lance à moussse

Avalanche en montagne

Un skieur s'est cassé la jambe, et le reste de son groupe a été surpris par une avalanche en voulant prévenir les secours. Heureusement, les pompiers se déplacent aussi en montagne !

C'est quoi, une motoneige ?
C'est un petit véhicule équipé de chenilles et de skis à l'avant pour pouvoir se déplacer sur la neige.

Les pompiers savent-ils skier ?
Oui, car l'hiver, en montagne, skier est le moyen le plus rapide pour se déplacer.

C'est quoi, une couverture de survie ?
C'est une couverture spéciale, dorée d'un côté. Les pompiers en recouvrent le blessé pour le protéger du froid.

Qu'est-ce qu'on appelle un chien d'avalanche ?

C'est un chien spécialement entraîné pour rechercher des personnes sous la neige. Il a un excellent flair.

Que font ces pompiers ?

Ils utilisent des bâtons de 4 mètres de haut qu'ils enfoncent dans la neige pour tenter de retrouver les victimes.

Pourquoi les pompiers utilisent-ils un brancard ?

Pour transporter les personnes qui se sont blessées et qui ne peuvent pas ou ne doivent pas bouger.

Est-ce que ce pompier a un équipement spécial ?

Oui, il porte des chaussures qui agrippent la roche et des cordes qui lui permettent d'escalader et de descendre le long des parois de la montagne.

Le sais-tu ?

Pourquoi ce camion a-t-il deux cabines de pilotage ?
Créé en 2000 pour intervenir dans le tunnel du Mont-Blanc, le Janus peut se déplacer dans un sens, ou dans l'autre, sans faire demi-tour ! Le pilote n'a qu'à changer de cabine...

Est-ce que les pompiers ont toujours eu des camions ?
Les pompiers existent depuis très longtemps, même avant l'invention de l'automobile et du camion. Autrefois, c'étaient des chevaux qui tiraient les grandes échelles en bois.

Pourquoi ce camion n'a-t-il pas de roues ?
Avec ses chenilles, cet engin peut se déplacer sur la neige. Il ne pourrait pas le faire avec des roues.

Quel est cet étrange robot ?
En 2010, la population d'une ville de Chine a vu ce robot de 12 mètres de hauteur fabriqué avec les pièces de deux camions de pompiers.

Où les pompiers utilisent-ils cette belle voiture de sport ?
En Russie. Elle contient tout le matériel médical pour soigner des blessés.

Les pompiers ont-ils des engins spéciaux pour la plage ?
Oui, comme ce véhicule que les pompiers brésiliens utilisent pour se déplacer partout, même sur les plages de sable et le long des dunes.